БИБЛИОТЕКА
ДЕТСКОГО ЧТЕНИЯ.

СКАЗКИ и СТИХИ.

Под редакцией Н. В. ТУЛУПОВА.

Цена 2 руб. 50 коп.

ГОСУДАРСТВЕННОЕ ИЗДАТЕЛЬСТВО.
Москва.—1919.

Марко богатый.

I.

Жил-был Марко богатый. Так про-
зывался он оттого, что у него
было несметное богатство. И Марко
тем весьма величался, и был непо-
мерно горд своим прозвищем. Во сне
и наяву ему грезилось только его
богатство.

Однажды, стоя в церкви, Марко
сказал своему соседу: „Что это, со-
сед, как ни богат я, а хоть бы раз
Господь Бог пожаловал ко мне в

гости!"—„Что ж,—отвечал сосед,— приготовься получше, и Господь посетит тебя Своею благостью". Сосед разумел по-христиански, а Марко понял по-своему: стал готовить богатый обед, пышно разубрал свой дом; настлал парчи и бархату от ворот до церкви, и стал дожидаться; а сам уж ни на кого и не глядит. Прошла обеденная пора, а Марко все ждет. Уж стало садиться солнце. Марко не дождался, и велел собрать парчи и бархаты, разостланные по дороге и по двору.

В это время приходит на его двор седенький старичок и просит ночлега. „Не до тебя мне,"— сказал ему с сердцем Марко.—„Ради Бога, Марко богатый, укрой меня от темноты ночной!". Марко, чтобы отвязаться, велел впустить его в избу, где лежала у него при смерти хворая тетка.

На другой день видит Марко, что идет к нему тетка совсем здоровая. „Как это угораздило тебя?“ — сказал он с удивлением. — „Ах, Марко богатый, — отвечала она, — знаешь ли что? Видела я, будто в эту ночь Господь Бог приходил в избу и будто к Нему прилетал ангел и рассказывал, что в эту ночь родилось три младенца: один у купца, другой у крестьянина, а третий у какого-то бедного, и спросил: — „Какой талант присудишь им, Господи?“ И Господь сказал: — „Купеческому сыну обладать отцовским талантом; крестьянскому сыну обладать землепашеством, а беднякову сыну — марковым богатством“. — „А еще что?“ — спросил Марко. — „Да вот какая еще благодать: как проснулась я, то стала совсем здоровая, как сам видишь!“ — „Это ладно, — сказал Марко, — только с беднякова сына много будет обладать марковым богатством!“

Однако у него залегло это на душу. На ту же пору родилась у него дочь. И захотел Марко проведать: подлинно ли родился его наследник у бедняка? Поехал, отыскал бедняка, и видит, что у него в самом деле родился мальчик. И задумал Марко недоброе. „Добрый человек! — сказал он, — что вам делать с этим мальчишкой, коли и самим вам нечего есть? Отдайте его мне!“ — „Что ты, Марко богатый! — сказала мать. — Дает Бог детушек, даст и на детушек“. — „Полно упрямиться! у меня ему будет лучше, чем у вас; воспитаю его как сына, да и вас не оставлю. Вот вам пятьсот рублей" Бедняки подумали, потолковали между собою, согласились. Марко взял с радостью к себе мальчика и уехал.

Мороз был трескучий Увидав в поле сугроб снегу, Марко остановился, разгреб снег и бросил туда бедного мальчика, приговаривая: „Теперь владей марковым богатством!"

В тот же день по дороге той ехали купцы на ярмарку, и видят они, что из сугроба валит пар. „Сходи-ка посмотри, что за чудо!" — сказал хозяин молодцу. И тот, воротясь, рассказал, что в сугробе — проталинка; на проталинке зеленеет трава и цветут цветы, а в цветах лежит мальчишечка, забавляется и улыбается. „Это Бог дает нам благодать!“—сказал хозяин. Взяли они того мальчика и повезли с собою.

Только подлинно им благодать Божия была на ярмарке: все продали с большим барышом. Возвращаясь, они заехали к Марку богатому за товаром. И узнал от них Марко про мальчика, и стал у них всячески выпрашивать его. „У меня,—говорит,—будет он расти вместе с дочерью; вам же его не делить-стать, а вот эту тысячу так разделите!“ Купцы согласились и уступили ему младенца. „Ну,—думает Марко,—погоди же! Коли и мороз тебя не берет, коли и в сугробе не окочурился, то я справлюсь с тобою вернее!“

Скоро разлились реки; Марко взял мальчика, положил его в ящик и пустил за полою водою, приговаривая: „Владей теперь марковым богатством!" Вода помчала ящик, а Марко воротился домой в полном спокойствии.

Долго плыл ящик с младенцем; наконец, волною прибило его к берегу, на котором стоял убогий монастырь. В то самое время послушник приходит к реке за водою и видит, что в ящике лежит мальчик,—лежит, забавляется и улыбается. Он побежал к настоятелю. „Чудо Господне!"—сказал монах, и пошел за мальчиком. Принесли его, и стал он у них расти так скоро, как пшеничное тесто на опаре подымается. И растет он такой пригожий, такой смышленый и послушный, такой охочий до ученья и способный до церковного пения, что все не нарадовались им. С тем вместе стал богатеть и монастырь: стали вносить богатые вклады, и монастырь в скорое время обстроился великолепно.

Так прошло пятнадцать лет, и мальчик Иван стал уж на возрасте. Случилось тогда проезжать мимо Марку богатому, и заехал он в тот монастырь; стал расспрашивать, каким образом обогатилась святая обитель, и — узнав про неключимого мальчика, опять стал бояться за свое богатство и опять задумал недоброе. Вот он сделал богатый вклад в монастырь, и начал просить, чтобы Ивана отпустили с ним; говорил, что сделает его первым приказчиком, потом зятем, и что, наконец, Иван будет наследником всего несметного богатства его и станет тогда вносить большие вклады в монастырь. Призвали, спросили Ивана, — тот согласился, и его отпустили с богатым Марком.

Марко обласкал его и посылает домой с письмом к жене, говоря, что через три дня и сам приедет. А в письме он приказывал строго жене, чтобы она непременно послала гостя в ту конуру, где содержатся у него самые злые собаки, и заперла бы его там, и не давала бы корму собакам три дня, до его приезда. Отдав письмо Ивану, он простился с ним, говоря про себя: „Теперь владей моим богатством, прекрасный зятюшка и наследник!"

II.

Иван отправился в путь. На пол-дороге он заснул крепким сном. В это время его ангел-хранитель неви-димо взял у него письмо марково и положил другое, в котором такою же рукою написано было, что Марко нашел зятя своей дочери и велит жене поскорее обвенчать их и при-готовить пир на весь мир; и что он через три дня сам приедет пировать свадьбу и навезет с собой гостей. Жена так и сделала; и все не могли налюбоваться женихом,— больше всех его молодая жена.

Через три дня возвратился домой Марко богатый. „Что уходила мо-лодца?"—было первое его слово жене.

„И теперь еще ухаживаем за ним, мой отец. Уж подлинно молодец! Вчера обвенчали"... — „Как!.." — заревел Марко, но в ту пору вошли молодые, и подошли к нему за благословением. Делать было нечего: Марко скрыл на время свою злость, и притворился веселым, пируя свадьбу с гостями. „Ну, зятюшка, — сказал он недели через две Ивану, — теперь надо хозяйство да прибыток вести. И сначала ты должен сходить к вещуну Людоеду, да справиться у него, как велико мое богатство и есть ли счет ему?" Иван не знал еще всего, что бывает на этом свете, и пошел.

Вот пришлось ему переезжать через реку. — „Куда Бог несет тебя, добрый молодец?" — спросил перевозчик. „К вещуну Людоеду". — „Узнай ты у него, добрый молодец, когда кончится моя мука такая, что вот уже пятнадцать лет перевожу я, и не могу сойти с лодки?" — „Хорошо" — сказал Иван и пошел далее.

Вот видит он стоит курган, на кургане колышек, а на колышке стоит одной ногой мужичок, и мотается он, куда ветер повеет, и всего его ветром истрепало, как ветошку. „Куда Бог несет?" — спросил он у Ивана. „К венцу́ну Людоеду." — „Ах, добрый молодец, узнай ты, когда кончится мука моя такая, что вот уже пятнадцать лет стою тут, и мотает меня, куда ветер повеет, и всего изветшалило!" „Хорошо!" — сказал Иван, и пошел далее, дивуясь на такое чудо.

Долго шел Иван через степи, через леса, через долы, через горы, и приходит, наконец, в дом вещуна Людоеда. Его встретила там молодая жена людоедова, а она была русская. И рада, и не рада была она Ивану. Он рассказал ей, как и зачем пришел, рассказал про перевозчика и про мужика на кургане.—„Нет, не за тем послал тебя тесть твой: он прислал тебя на съедение; он—вечный злодей твой!“ И всплакался Иван.— „Не плачь, Иван, авось сладим дело“...

Вдруг заревел ветер, закрутил вихорь. „Ахти, — сказала она, — муж летит! Ну, слушай же хорошенько!“ Тут она перекинула с руки на руку иголочку, воткнула в него; он стал булавочной головкой, и она приколола его себе на голову.

„Что это, жена, у тебя русским духом пахнет?“—„И какому тут русскому духу быть! В эти три года уж и мой русский дух весь выдохся. Знать, ты летал все по Руси, да нанюхался русского духу, так тебе и тут чудится!"—„И то быть может!"—сказал Людоед, и поверил.

III.

Вот жена его накормила, и он улегся отдыхать, и стал рассказывать ей, что творится на белом свете. „Слыхала я, — говорит она, — в прежние годы про Марка богатого. Что, скажи, есть ли счет его богатству?"—„Как звездам на небе!"— отвечал Людоед. „А что, скажи, долго ли тому перевозчику возить, что не может с лодки сойти?" —„Да пока он не сунет кому-нибудь весла в руки, а сам не соскочит на берег". „А долго ли мотаться тому мужичку, что стоит на кургане на колышке?"—„Да коли кто-нибудь догадается ударить его наотмашь галкою, так он рассыплется золотом да каменьями самоцветными!"—„Вот так! Сосни же, голубчик!"

Людоед соснул, проснулся, поцеловал жену и улетел рыскать по свету. Тут она вынула булавку из головы, перекинула с руки на руку, и булавочная головка стала опять молодцом-Иваном. — „Слышал? Ну, теперь поди с Богом да не поминай лихом!" Тут распрощались они, как следует, и Иван отправился в дорогу.

„Что, Иван, скоро ли?"—закричал мужичок, увидав его с кургана.—„А вот сейчас!" - сказал Иван, хвать его палкою наотмашь. Мужичок посыпался и зазвенел червонцами, алмазами и всякими самоцветными каменьями. Иван набрал их, сколько снести мог, и отправился далее.

„Что, добрый молодец, узнал ли, как мне избавиться?“ — закричал перевозчик, увидав Ивана. — „А вот как перевезешь, так тогда и скажу!“ Сойдя с лодки на другой берег, Иван рассказал перевозчику, как сам слышал от Людоеда, и пошел домой.

„Не сгиб и тут!“ — проворчал Марко с досадою, увидав в окно возвращающегося зятя. Иван пересказал, что узнал у Людоеда; и Марко обрадовался несказанно, что богатству его нет числа, как звездам на небе. „Это откуда столько?“ — спросил он, увидав драгоценности, которыми Иван дарил молодую свою жену. „Столько? — сказал Иван. — Нет! Там на кургане и не столько еще осталось, да уж нести было не под силу“. „Что же ты, брат, пойдем поскорее, пока еще не растаскали!“ — „С меня довольно и этого, а коли хочешь, поди сам!“ Марко, хоть и богатый, порасспросил дорогу, не медля отправился из дому, — да уж и не возвращался.

Иван владеет марковым богатством, а Марко богатый все возит, да возит через реку, и в век не догадается, что ему надо сделать...

(Народн. сказка).

Вопрос. Что погубило Марко богатого?

Счастье.

I.

В тридесятом царстве, за тридевять земель, у славного, могучего и богатого царя была одним-одна дочь, в которой он души не чаял, а на ту страну напало злое поветрие, от которого многое множество народа погибло. Вот и дочь царская заболела от этого морового поветрия, от которого не мог избавиться зелиями и снадобьями ни один человек, а кто заболеет, тот и помрет.

Стал царь вызывать со всех концов царства знахарей, которые собирают зелия и травы, и коренья целебные, и обещал осыпать золотом того, кто вылечит его дочь. Один, никому неизвестный старик явился к царю и сказал ему: „Коли хочешь, чтобы дочь твоя жива была, то прикажи найти в своем царстве довольного и счастливого человека, который был бы доволен и счастлив своею судьбою и ничего бы более не просил; с этого человека сними рубаху и надень ее на царевну, и она оживет".

И побежали гонцы во все концы царства, изъездили все города, палаты и дворцы, все барские усадьбы и крестьянские избы, все углы и закоулки, все улицы и переулки, торные пути и заселки — и выселки, — нет у сильного, могучего царя счастливого и довольного подданного. Кто

2*

и доволен бы судьбой, да денег мало; кто и богат, да хотелось бы еще быть побогаче; у кого семья хороша, да соседи не годятся; кто работы просит, кто досужества, кто знати, кто богатства, кто здоровья.

II.

Царь неутешно скорбел, и в отчаянии уже прощался с дочерью своею, как вдруг раздались крики: „нашли, нашли!" Дворец царский ровно снова ожил, и стены, и простенки, и золоченая кровля, и богатые подвалы — все и всюду ожило; все радовались, что царевна спасена будет, и все теснились и толпились, чтобы видеть блаженного и счастливца. Кто он? Где он? Подайте его

Рис. 1.

сюда, покуда еще время; да где его отыскали, отколе он взялся?.. Что нужды до этого — благо нашли и привели: он здесь, и царевна будет спасена. Ни в карете он, ни в шелку, а нищий — в худой одежде.

„Я тебя озолочу, — сказал ему царь, — и покупаю одну только рубашку твою, за какую хочешь цену: проси, что хочешь.

— „Да у меня и рубахи-то нет — отвечал тот.

„Как нет? Рубахи нет? Сыми с себя, отдай мне последнюю, я тебя за это золотом засыплю!

— „Да то-то нѣт ее: нет ни на мне ни за мною! Была когда-то давно, да вся истлела, износилась — я ее и кинул.

Неволя.

„Что ты, соловеюшко,
Корму не клюешь,
Вешаешь головушку,
Песен не поешь?"
— „Пелося соловьюшку
В рощице весной...
Вешаю головушку
В клетке золотой!
На зеленой веточке
Весело я жил;
В золотой же клеточке
Буду век уныл!..
Зеленой-то веточке
К песням приучать!

В золотой же клеточке
Соловью молчать!
Зеленая веточка
Сердце веселит,—
Золотая ж клеточка
Умереть велит!..
Подружка на веточке
Тужит обо мне,
Стонут милы деточки,—
До пенья ли мне?"
„Отперто окошечко
В рощице твоей;
Будь счастлив, мой крошечка,
Улетай скорей!"

**

Если б легкой птицы
Крылья я имела,
В частый бы кустарник
Я не полетела

Если б я имела
Голос соловьиный,
Я бы не носилась
С песней над долиной.
Я бы не летала
На рассвете в поле
Косарям усталым
Петь о лучшей доле.
Я бы не кружилась
Вечером над хаткой,
Чтоб ребенка песней
Убаюкать сладкой.
Нет! Я полетела б
С песней в город дальний:
Есть там дом обширный,
Всех домов печальней.
У стены высокой
Ходят часовые;
В окна смотрят люди
Бледные, худые.

Им никто не скажет
Ласкового слова,—
Только ветер песни
Им поет сурово.
От окна к другому
Там бы и летала,
Узников приветной
Песней утешала.
Я б им напевала
Золотые грезы,
И из глаз потухших
Вызывала слезы,
Чтобы эти слезы
Щеки их смочили,
Полную печали
Душу облегчили.

И. Суриков.

Вопросы. Где лучше птичке жить — в золотой клетке или на зеленой ветке? Почему? Чего хотела другая птичка?

Былое.

I.

Картины далекого детства
Порой предо мною встают,
И вижу опять я знакомый
Весь белый в кувшинчиках пруд;
Вокруг его темная чаща,
Где сотни звучат голосов;
И узкая вьется тропинка
К нему между цепких кустов.
То был уголок мой любимый
В запущенном старом саду.
Сюда с своей детскою думой,
Бывало, всегда я иду.

Под сень этих дубов могучих
И трепетных белых берез
Я детскую радость и слезы,
В груди накипевшие, нес.
И ласково так их вершины,
Казалось, в ответ мне шумят,
Что, слушая их, я каким-то
Был сладостным чувством объят.

II.

И детскую нашу я вижу...
В углу с образами киот...
Лампада пред ними... Сиянье
Вокруг она тихое льет.
Давно меня спать уложили,
Но я все не сплю, и очей
Свести не могу любопытных
С молящейся няни моей.
Крестясь и вздыхая, старушка
Кладет за поклоном поклон...

И много она называла
Мне близких и милых имен.
Вот стала она на колени,
Лицо ее мокро от слез...
„О чем она плачет?“ — невольно
Во мне шевелится вопрос.
„Прости мне мои прегрешенья!“
Дрожащие шепчут уста...
А я себе думаю: „чем же
Она прогневила Христа?“

III.

А вот и другая картина:
Морозная ночь и луна...
Равнина, покрытая снегом;
Немая вокруг тишина...
По гладкой, как скатерть, дороге
Мы едем в кибитке с отцом;
Надолго, быть-может, навеки,

С родным расстаюсь я гнездом...
Звенит под дугой колокольчик,
Полозья кибитки скрипят,
И ноет, болит мое сердце,
И слезы туманят мой взгляд
При мысли, что здесь уж не
                                   встречу
Поры я любимой своей,
Поры, когда выступит травка,
Журча засверкает ручей...
Что я не услышу ни шума
Знакомых берез и дубов,
Ни дышащих теплой любовью
И ласкою няниных слов...

А. Н. Плещеев.

СОДЕРЖАНИЕ.

Типография „Моск. Издат." Остоженка, Савеловский п., д. 13.

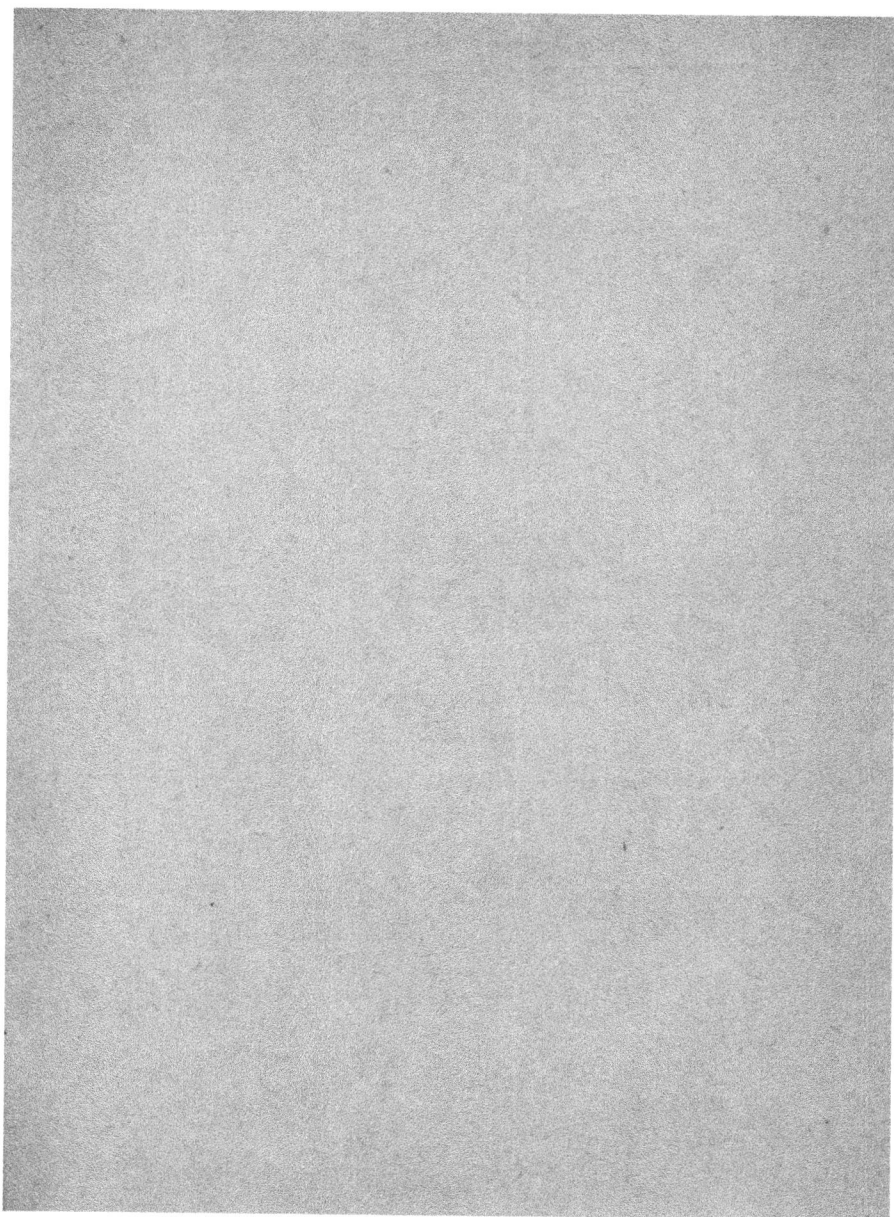

www.ingramcontent.com/pod-product-compliance
Lightning Source LLC
Chambersburg PA
CBHW081306040426
42452CB00014B/2678